THE CORE × VOICE TRAINING

歌う、演じる、表現する身体をつくる

はじめての
コア×ボイス
トレーニング

EIMI（渡邊瑛美）著

オリジナルDVD付

雷鳥社
RAICHOSHA

はじめに

　音大を卒業し、自身もアニソンに携わりながらボイストレーナーとしていろいろな方に関わらせていただくようになってから、20年近く経ちました。その間、音楽の流行はめまぐるしく移り変わり、身体に関するデータも飛躍的に進歩し、更新されました。

　昔は単純に「声を出すには腹式呼吸」とばかりにやっきになって表面の腹筋を鍛えるように指導していた先生もたくさんいましたが、現在は腹式呼吸に関してもさまざまなデータが明らかになっています。そのひとつが腹筋の表面よりもインナーマッスル（コア）を鍛える方が効果的であるということです。

　また、「コアトレーニング」と「ボイストレーニング」を組み合わせることで、発声の向上だけでなく、姿勢改善、スタイルアップ、腰痛改善、ストレス解消など、驚くべき効果が得られることも大いに実感しています。

　ポップス、クラシック、アニソン、R&B、演歌……。音楽の流行や好みはさまざまですが、どんな歌を歌うにもベースとなる身体と呼吸の連動、発声の基礎を身につけておけば、息の長い表現者として活躍できるはずです。

　本書では、簡単なトレーニングの組み合わせで、確実にベースをつくるメソッドをDVD付きでわかりやすく紹介しています。歌ったり、演じたりすることで何かを表現したい、伝えたいという方はもちろん、趣味でもっと楽しく声が出るようになりたい、スタイルを維持したいという方にもおすすめです。

　本書がみなさまの「表現力アップ」の一助になりましたら幸いです。

EIMI（渡邊瑛美）

著者紹介

EIMI（渡邊瑛美）

1967年生まれ。国立音楽大学声楽科卒業。在学中よりコーラスとしてアーティストのツアーサポート、CMジングルなどに携わり、95年作・編曲家の岩崎琢とともにアニメ・無責任館長タイラーのタイアップユニット「T's Work Shop」としてVapよりデビュー。その後もゲーム主題歌・CM・コーラスなど幅広く手掛け97年よりボイストレーナーとしてレッスンを開始する。2001年個人教室 Hyper Voice Vocal Studio を主宰、同年より松濤アクターズギムナジウム講師、2003年松濤スクールの事業部として渋谷に移転。同年 Hyper Voice Managements の代表を兼任。2008年松濤スクールと業務提携するマネジメント事務所 Love&Light（プリキュアシリーズを多数歌唱する五條真由美らが所属）として独立。2011年より第一興商 DAM 倶楽部「コア×ボイス」講師。

プロデュース●「アニソンアイドルはーと♡」2006年～（LIVE）
「NEO GENERATION」2013年～（LIVE）
LIVE DAM×Love&Lightオーディションコンテンツ
「アニ☆たん！」ほか
著書●「ボイストレーニングでキレイになる」(雷鳥社刊)
寄稿●雑誌「たまごクラブ」（ベネッセ）
「VOICHA」（シンコーミュージック）
ムック「歌ってみたをはじめよう」（シンコーミュージック）
出演●TV「スッキリ!!」（日テレ）、TV「超！アニメ天国」ほか

これまでレッスンさせていただいたタレントの方々 同不順、敬称略
戸松遥、高垣彩陽、寿美菜子、豊崎愛生（ミュージックレイン）
G.G.F.（井口裕香、近藤佳奈子、中山恵里奈、後藤沙緒里、
杉本紗貴子、角亜衣子、竹中あい子、門田幸子、
ナカニシマミ、廣田詩夢）
美少女クラブ21（オスカープロモーション）
チャン・リーメイ、平井理子、高口幸子、小菅真美、中村静香、
藍田理緒、北川里奈、宮島咲良 ほか多数

もくじ

2 はじめに

第1章 コア×ボイスとは何か？

- **10** インナーマッスルと呼吸・発声トレーニングの組み合わせが表現者の身体を変える
- **12** 声だけじゃない！コア×ボイスがもたらすさまざまな効果
- **16** さまざまな年代、性別の方が効果を実感 実際にコア×ボイスを体験した人の声

第2章 コアトレーニング編

- **20** 基本の伸縮運動
  インナーマッスルを意識することで身体は目覚めはじめる
- **22** 片足上げ（仰向け）
  コアと表面、両方の筋肉を同時に鍛えてしなやかな身体を手に入れる
- **24** 両足上げ（仰向け）
  ロングブレスを支える強い腹筋を内側から鍛える
- **26** 側筋のストレッチ
  普段使わない腹筋の側面を伸ばすことで響きやすい身体になる
- **30** 腹筋＋呼吸・発声
  息を吐く（声を出す）時に筋肉を意識し、呼吸・発声と筋肉の連動を実感す

- **32 手足の筋肉を緩める**
  「緩め」が上手くいけば、ブレス（息継ぎ）が上手くいく
- **34 片足上げ（うつぶせ）**
  背面からコアにアプローチすることで感度のいい身体になる
- **36 両足上げ（うつぶせ）**
  両足を使い、背面の筋肉を鍛えてバランスのとれた身体になる
- **38 片手片足上げ**
  発声と筋肉運動の連動で通りの良い声を手に入れる
- **40 背面伸ばし**
  縮んだ背筋を緩め、響く身体になる
- **42 お尻歩き**
  骨盤を動かすことで大腰筋を鍛え、姿勢を良くする
- **44 肩甲骨周辺のストレッチ**
  首〜肩甲骨の力みを取って楽に声を出す
- **46 上体側面のストレッチ**
  側面を伸ばし、側筋とコアを鍛えることで
  楽器としての機能をアップ
- **48 首のストレッチ**
  首、肩を積極的に緩め、響く楽器になる
- **50 足踏み出し運動**
  美しく立ち、歩くために必要な筋肉を育てる

第 3 章 発声トレーニング編

54 舌を下げる
舌を下げて息の通り道を広く確保する

56 あくびの発声
のどへの負担を減らし、地声と裏声の変わり目をスムーズにする

58 ハミング
口を閉じて鼻腔に息を当て、高音の通り道をつくる

60 発声と筋肉の連動
ちょっとした動きをプラスするだけで、驚くほど声が出しやすくなる

64 リップロール
口の周りの余分な筋肉を取りのぞき、中音域を響かせる

66 タンリトル(巻舌)
舌の根本の余分な力を取ることで、低音域を広げ、響きを向上させる

68 母声の発音
均等な響きが得られれば、もっと歌いやすくなる

72 音階練習
近い音階への移動からはじめて、音程感を掴んでいく

74 オクターブサイレン
裏声との切りかえで、もう悩まない

75 スタッカート
鋭く腹筋を使い、短いブレスでも息を取り込めるようになる

第 4 章 トレーニングメニューの組み方

- **78** 時間別組み合わせ例
- **80** 悩み別練習方法
- **82** レッスン記録ノート

- **92** おわりに

DVD CONTENTS

第1章　コアトレーニング編　Chapter 1〜15

第2章　発声編　Chapter 16〜25

写真や文だけでは、わかりづらいトレーニングもありますので、本書ではDVDを付属しております。本、DVDどちらからご覧になっても大丈夫ですが、動画を見てから、本書の解説を読まれると一層わかりやすいです。

第 1 章

コア×ボイスとは何か？

　身体の中心付近にある筋肉（インナーマッスル）を鍛え、呼吸・発声と連動させることで、タフで安定感のある「声の基礎」を身につけることができます。ひとつひとつの動作はとても簡単なので幅広い年代の方に行っていただけます。継続することで声だけでなく、引き締まった身体も同時に手に入れることができます。

第1章 コア×ボイスとは何か？

インナーマッスルと呼吸・発声トレーニングの組み合わせが表現者の身体を変える

みなさんは「コア」「インナーマッスル」という言葉を
ご存知でしょうか？
コアとは【カラダの中心＝動きの出発点となる部分】のことです。
このコアの周辺にある内側の筋肉
（腹横筋、脊柱起立筋、骨盤底筋群、横隔膜、腸腰筋、大腰筋）の
総称がインナーマッスルです。

　歌や演技のレッスンの際、「お腹を使って（声を出す）」「腹筋を使って」「腹の底から」という言葉が日常的に使われてきました。声楽、演劇、ボイストレーニングの先生方はこんな表現を一様にされますが、「お腹」って具体的には、どこの筋肉を指すのでしょうか。なんとなくわかったような、わからないような方が多いと思います。
　私も以前は、腹筋も背筋もただ表面の筋肉を意識して使えばいいのだと認識し、ダンスの準備運動でやるような勢いのある腹筋トレーニングをして、呼吸との連動も特に考えていませんでした。
　ところが、2011年の春に転機が訪れます。第一興商の方から「シニア向けの歌と健康のコミュティをつくるので『歌う』『身体を動かす』『健康

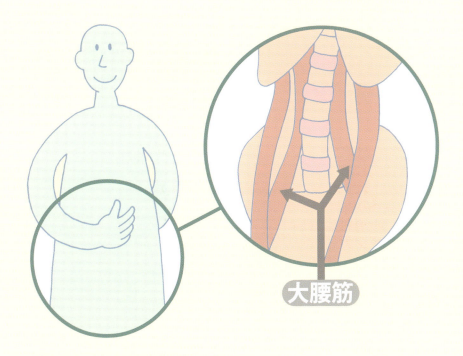

大腰筋

になる』といった要素を取り入れたレッスンをしてほしい」というオファーがあったのです。

　ちょうど同じ時期に骨盤ダイエットに通っていた私は「骨盤周りの筋肉を鍛える」施術を受けると、直後のレッスンで声がすごく安定し、高音が楽に出せるようになると気づきはじめた時でした。

　「インナーマッスルを意識的に鍛えることで、表面の筋肉も連動して鍛えられるなら、その運動と腹式呼吸を連動させ、直後に発声練習をしたら成果が上がるのではないか？」

　その考えは的中していました。

第1章 コア×ボイスとは何か？

声だけじゃない！コア×ボイスがもたらすさまざまな効果

1 発声練習の効果を飛躍的に高める

　歌のレッスンをしたことがある方は知っていると思いますが、歌う前にはのどの準備運動である発声練習を行います。その発声練習の直前にインナーマッスルトレーニングをしてみたところ、身体が温まりほぐれ、いきなり発声に入るよりも声がよく出るようになりました。特にロングトーン（長い息を使う発声）、高音域は一層安定感が得られたのです。
　約半年かけていろいろな組み合わせの運動メニューを行ない、運動してから時間を空けずに発声練習をするための20〜30分のメニューを開発しました。これを私自身と、当時の何人かの生徒に実践してもらったところ、高い音、ロングトーンを支えるのがラクになるという結果が得られました。

2 シェイプアップ、スタイルアップ効果も

　「◯歳を過ぎて太ったら痩せない」とよく言われますが、そんなことはありません。私自身、40代半ばで、このトレーニングをはじめてからほどなく、声だけでなく身体にも嬉しい変化が現れはじめました。ウエストは細くくびれて、ヒップは持ち上がり、バストはサイズアップしました。20代の時よりバランスのいい体になったのです。
　私だけではなく、実践してもらった方も2週間で平均3キロほど身体が絞れスタイルに変化が見られました。

歌う、演じる、表現する身体をつくる

コア×ボイスとは何か？

声だけじゃない！
コア×ボイスがもたらす
さまざまな効果

3 歌がより一層楽しくなる

　発声が安定してくれば歌うことがさらに楽しくなり、表現の幅が広がっていきます。

　また、歌った後は「楽しい気持ちになる」「心が癒される」「落ち着く」などメンタル的に良い効果も得られました。この「歌うと楽しくなる♪」には科学的な根拠があります。

　みなさんが歌を歌うのは、どんな時でしょうか。意識的に練習する時間以外でも、日常でなんとなく歌を口ずさんでいる時がありますよね。「TVやラジオから好きなアーティストの曲が流れてきた時」や「車を運転しながら」「家事をしながら」などです。

　人は歌っている時、無意識に普段よりも深い呼吸を繰り返しています。深呼吸をすることで脳に酸素が行きわたり、リズムや音程を取りながら腹筋群を使う運動は脳の神経を活性化させ、幸せを感じるホルモン「セロトニン」の分泌を促すといわれています。この「セロトニン」はHappyな気持ちになるだけでなく「抗重力筋」を刺激し、顔が引き締まったり、姿勢が良くなったりするともいわれているのです。

　「楽しいと歌が出てくる」というのは「歌うと幸せホルモンが出る」と本能で知っているからかもしれませんね。みんなで歌えばもっと楽しいし、好きな曲を自分がイメージした声で上手に歌えたらますます歌うことが楽しくなることでしょう。

　こうして生まれたトレーニングの組み合わせを「コアトレーニング×ボイストレーニング」→「コア×ボイス」と名づけることにしました。コア×ボイスは簡単に楽しくトレーニングしながら、より自由に表現できる声と引き締まった身体を手に入れられる一石二鳥のトレーニングなのです。

コア×ボイスとは何か？

松濤アクターズギムナジウム／ボイスクラスのレッスン風景

第1章 コア×ボイスとは何か？

実際にコア×ボイスを体験した人の声

> さまざまな年代・性別の方が効果を実感

体験談 1

「締った身体」
堤田舞さん
20代・女性

このトレーニングをはじめてから日に日に身体が軽くなるのを体感しました。最初はきつかった運動も慣れたら平気になり、今では少しずつ回数を増やしてトレーニングをしています。軸がぶれない引き締まった身体ができ、声がよく出るようになりました。同時にダイエットもできて万々歳です！

体験談 2

身体の変化で真っ先に感じた事は、排泄の良さです。コアボイスの後は必ずお手洗いへ(笑)。また、靴を長時間履いた後、足がむくまなくなりました！　声に関しては、どうしたら楽に高い声が出せるのか、どこに力を入れて押し出せば良いのかなど、声出しのコツを感覚的に掴めた気がします。

「声出しのコツ」
太田靜恵さん
20代・女性

体験談 3
岡本堂玄さん
30代・男性

「3キロ減りました」

発声と身体のトレーニングができる一石二鳥のプログラムだと思います。最初の2週間で体重が3キロ減りました。無理なく体幹が鍛えられ、じんわりと汗をかくので、基礎代謝が上がり、痩せやすい身体が作れます。毎日続けることで確実に身体が軽くなっていくのを感じます。

歌う、演じる、表現する身体をつくる

コア×ボイスはプロの声優、俳優、歌手だけでなく、趣味で歌をされている方などにも効果があります。年齢や性別も問いません。実際に、2011年10月にくらいからレッスンを開始したエルダー世代（50歳以上）の方々や、声優、俳優を目指す20〜30代の方々からは「トレーニング自体は簡単なのにいろいろな効果がある！」とうれしい感想をいただきました。

退職後、この講座の存在を知り、参加した結果、健康と趣味の歌唱力において大きな成果がありました。インナーマッスル鍛錬のために考案された腹式呼吸運動法や鍛錬成果を発声力に結びつけるボイストレーニング法など、発声力を歌唱力に反映させる実際の歌唱指導がひとつの講座に組み込まれている点がその理由だと思います。

大きな成果が

体験談4
小崎将昭さん
60代・男性　DAM倶楽部

美声が出る

体験談6
K・Hさん
50代・女性　DAM倶楽部

ハスキーボイスがコンプレックスでしたが、コアボイストレーニングと出会い、高音の可能性を教わりました。現在は歌う楽しみに感謝です。

Tさん
80代・女性　DAM倶楽部
体験談5

腹筋のトレーニング、発声練習など、私にとっては、はじめての体験で何もかも新鮮！　歌は苦手ですが、そのうちに美声が出るのではないかと期待しながら参加しています。レッスンも楽しくて、若返るような感じがします。

歌う楽しみに感謝

第2章 コアトレーニング編

まずはコア周辺の筋肉（インナーマッスル）トレーニングを行ないます。コアトレーニングすべての動きに共通しているのが以下の2点です。
- 筋肉を使う（収縮する）時に息を吐く
- 収縮した筋肉をすばやく緩めて息を吸う

これが第3章で行なう発声トレーニングと連動させる時に非常に大切なポイントになってきます。
呼吸をし続けることは、血圧の急激な上昇を防止にもつながります。また、持病のある方、手足に痛みのある方は必ずお医者様に相談してからトレーニングをはじめてください。

第２章 コアトレーニング編

基本の伸縮運動

インナーマッスルを意識することで
身体は目覚めはじめる

回数の目安 **8** 回ずつ

Chapter 1

1 仰向けに寝て、脱力する。

2 頭の上方に腕を伸ばし、ひざの内側が
ぴったりくっつくよう脚を閉じる。

歌う、演じる、表現する身体をつくる

コアトレーニング編

POINT

肩凝りにも効くエクササイズです。
縮んだ骨と骨の間を思う存分伸ばしてあげましょう。

- 息を吐いている時は腹筋を使ってお腹をペッタンコに
- 表面の筋肉だけでなく、インナーマッスルを意識する

3 息を吐きながら上下に引っ張り合う感じで伸ばす。

※この時、腰が反らないように気をつけます。

4 息を吐き切ったら筋肉を緩めて息を吸う。

片足上げ（仰向け）

コアと表面、両方の筋肉を同時に
鍛えてしなやかな身体を手に入れる

回数の目安 左右 **2** 回ずつ

1 仰向けに寝て、手は身体の横に自然に添える。

- 腰が反らないように骨盤の位置を調整する
- 足を高く上げ過ぎると楽になるので30度くらいを目安に

2 息を吐きながら、膝を伸ばした状態で
右足を30度くらいまで上げる。

> **POINT**
> 腹部のインナーマッスルを意識しながら足上げの動作を行います。足を上げる時に腹筋を使うため、お腹の引き締め効果もあります。

3 足を上げたまま、息を吸う。

4 ●つま先を軽く引っ張られるような感じで
足を上げたままもう一度息を吐く。

5 息を吐き切ったら筋肉を緩め、息を吸いながら足を下す。

6 左脚も同様に行なう。

両足上げ(仰向け)

ロングブレスを支える強い腹筋を内側から鍛える

回数の目安 2～5回ずつ

Chapter 3

① 仰向けに寝て、手は身体の横に自然に添える。

- 腰が反らないように気をつける
- 膝が曲がらないように気をつける

② 息を吐きながら、両足の膝を伸ばした状態で30度くらいまで上げる。

POINT

見た目よりかなりキツイですが、筋肉の育成、お腹の引き締めにおいては片足上げより更に効果が期待できます。

3 足を上げたまま息を吸う。

4 足を上げたままもう一度息を吐く。

5 息を吐き切ったら筋肉を緩め、息を吸いながらゆっくり足を下ろす。

側筋のストレッチ

普段使わない腹筋の側面を伸ばすことで響きやすい身体になる

回数の目安 左右 2 回ずつ

Chapter 4

1 仰向けに寝て、息を吐きながら右足を抱え、引き寄せる。

2 足を抱えたまま大きく息を吸う。

POINT

ひねりを加え、インナーマッスルを意識しながら伸ばすことで側面の筋肉を鍛え、バランスの良い声の支えを作ります。ウエスト引き締めの効果もあります。

3 息を吐きながら上体を肩甲骨の付け根あたりまで起こす。

4 息を吐き切ったら筋肉を緩めて息を吸いながら元の位置に戻る。

側筋のストレッチ

Chapter 4

⑤ 右手と顔を右側に残し左手を右膝に添え、ゆっくり息を吐きながら左側に倒す。

⑥ 倒したまま息を吐き切ったら、一度息を吸う。

7 もう一度吐きながらさらに深く倒す。

8 息を吐き切ったら筋肉を緩め、息を吸いながら元の位置に戻す。

9 左足も同様に行なう。

腹筋＋呼吸・発声

息を吐く（声を出す）時に筋肉を
意識し、呼吸・発声と
筋肉の連動を実感する

回数の目安10〜30代 **20** 回ずつ

回数の目安40代以上 **10** 回ずつ

Chapter 5

● 手は頭の後ろで組む

1 仰向けに寝て膝を軽く曲げ、右足が前になるようにクロスする。

いーち

● 上体を起こす時は勢いではなく腹筋を捲き上げるイメージで

2 息を吐く時に大きな声でカウントを数え、肩甲骨の付け根あたりまで上体を起こす。

コアトレーニング編

POINT

息を吐く時にカウントを数え、声を出すことにより、呼吸・発声と筋肉の連動させます。
「息を吐く（声を出す）時にインナーマッスルを使う」ことの習慣づけにもなります。

3 息を吐き切ったら筋肉を緩め、息を吸いながらゆっくり元の位置まで戻る。

4 右側を10回終えたら、いったん基本の姿勢（Chapter1）で腹筋をよく伸ばす。

5 反対（左足が前になるように組む）も、同様に行なう。

手足の筋肉を緩める

「緩め」が上手くいけば、
ブレス（息継ぎ）が上手くいく

回数の目安 **1** セット

1 1分間、手足を軽く上げブラブラさせる。

● 足先に溜まりがちなリンパを付け根に
流すイメージで行う。

2 かかとでお尻を20回くらいトントン叩く。

POINT

歌っている時は常に
「息を吐いて収縮した筋肉を瞬時に緩める」を繰り返しています。
息を吐くことと同じくらい「緩めて吸う」ことを
意識してみましょう。

Chapter 6

③ 自然な呼吸で息を整える。

column のどに良い食べものとは?

のどに良いとされる食べもので、よく聞くのがヨーグルトです。粘膜の炎症をやわらげる作用があるので、練習の後におすすめ（練習前は喉にたんぱく質の膜が絡むのでオススメしません）。続けて摂取していると粘膜を強くしてくれる効果もあるそうですね。はちみつや少量の生姜、大根おろしものどに良いそうです。

反対に声を使う前に避けた方が良いものとしては、刺激物（辛いもの）、繊維質（芋類など）などがあります。また、歌う直前はクッキーやパイなど、口の中の水分を奪ってしまう乾いた食べ物も避けた方が無難です。

片足上げ(うつぶせ)

背面からコアにアプローチ
することで感度のいい身体になる

回数の目安 左右 **3** 回ずつ

Chapter 7

1 うつぶせになり肘を肩の高さで張る。

※高くなくて良いので膝を曲げないように

- 足先を上げるというよりは
  腰から上げるイメージで
- 足を上げた時、身体がどちらかに
  傾かないように気をつける

2 息を吐きながら膝を伸ばした状態で右足を
30度くらいまで上げる。

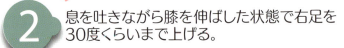

コアトレーニング編

POINT

うつぶせになり、背面から背筋、大腰筋にアプローチします。ふだん意識しない背中の状態を感じられると表現者としての感度は上がっていきます。

3 足を上げたまま、息を吸う。

4 足を上げたまま、もう一度息を吐く。
● 上げている足を爪先の方へ引っ張られるようなイメージで

5 息を吐き切ったら、筋肉を緩め、足をゆっくり元の位置まで戻す。

6 左足も同様に行なう。

両足上げ（うつぶせ）

両足を使い、背面の筋肉を鍛えて
バランスのとれた身体になる

回数の目安　3 〜5回

Chapter 8

- 顔は真下でも横に逃してもOK

1 うつぶせで肘を肩の高さに張る

- 足先だけを上げるのではなく、腰の付け根から上げるイメージで
- 高くなくても良いので膝を伸ばし足の内側はんるべくつけたまま

2 息を吐きながら膝を伸ばした状態で
両足を30度くらいまで上げる。

コアトレーニング編

POINT

Chapter7で行った運動を両足同時に行ないます。片足上げ(仰向け)より更にキツイ両足上げで姿勢を支える背筋、大腰筋を鍛え、コア(中心)と背面からの「声の支え」を強化します。ヒップアップ効果もあります。

3 足を上げたまま息を吸って。

4 もう一度大きく吐いて足先をひっぱる。

5 息を吸いながら筋肉を緩め元の位置までゆっくり戻す。

片手片足上げ

発声と筋肉運動の連動で通りの良い声を手に入れる

回数の目安 10〜40代左右合計 **20** 回

回数の目安 50代以上左右合計 **10** 回

Chapter 9

1 うつぶせのまま、両手を伸ばす。

「いーち」

● 右手と左足でコアの筋肉をひっぱり合うイメージで

2 カウントを数えながら右手、左足を上げる。

POINT

両手両足を使って背面から背筋と大腰筋を鍛えます。日常的に背筋より腹筋の方が多く使われているので、腹筋よりやや多め（1.2倍くらい）に行ないます。バランスの良い体を手に入れましょう。

3 息を吐き切ったら筋肉を緩め、ゆっくり手足を下す。

いーち

4 カウントを数えながら左手、右足を上げる。

5 息を吐き切ったら筋肉を緩め、手足を下す。

6 右左交互に繰り返す。

背面伸ばし

縮んだ背筋を緩め、
響く体になる

回数の目安 **1** ～2回

Chapter 10

1 膝を閉じて四つん這いになる。

2 手はなるべく遠くに置いてずらさないようにし、
息を吐きながらお尻側に上体を引っ張り座る。

POINT

連続して運動し、収縮させた背筋を積極的に伸ばします。
「使ったらすぐ緩める」を常に意識しておくことで、
疲れにくいタフな身体へと変化していきます。

3 その姿勢のまま、自然な呼吸を繰り返し、背中をよく伸ばす。

4 手を体の方へ引き寄せながら、上体をゆっくり戻す。

column レッスン中やステージでのドリンクについて

レッスン中は、こまめな水分補給が必要です。乾燥した状態で声を使うと、のどを痛める可能性が高くなります。一番のおすすめは常温の水、次にスポーツドリンクです。
プロの歌手のLIVEでは、舞台袖の一番手に取りやすい場所に常温の水が必ず用意してあります。ペットボトルの蓋に穴をあけストローを挿して、歌手の人がすぐ飲めるようになっています。のどのケアやコンディションを整えることも大切なトレーニングの一部といえるでしょう。

お尻歩き

骨盤を動かすことで大腰筋を鍛え、姿勢を良くする

回数の目安 マット 2 往復

Chapter 11

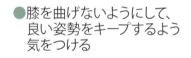
1 足を伸ばしてマットの端に座る。

- ●膝を曲げないようにして、良い姿勢をキープするよう気をつける

2 背筋を伸ばし骨盤を左右に揺らしながら少しずつ前に進む。

POINT

姿勢を維持する筋肉にダイレクトに効く運動で、日常の姿勢が良くなるほか、発声でも高音・ロングトーンが楽に出せるようになります。

● なるべく手の「振り子」を使わないように

3 どんどん前へ進み、マットの端までいく。

4 マットの端まで来たら、同様の動きで後ろ向きに進み戻ってくる。
● 後ろ向きの方は姿勢が崩れがちなので気をつける

肩甲骨周辺のストレッチ

首〜肩甲骨の力みを取って
楽に声を出す

回数の目安 2 〜3回

第2章 コアトレーニング編

chapter 12

歌う、演じる、表現する身体をつくる

1 足を軽く組んで座る。

2 後ろで手を組み、息を吐きながら肘を伸ばす。

POINT

歌う時、首から肩にかけて余分な力が入っていると声の響きが半減すると言われています。この部分をしっかり緩めることで響きを身体の隅々に伝達しやすくします。

3 肘を伸ばしたまま息を吸う。

息を吐きながら組んだ腕を持ち上げる。

5 息を吐き切ったら、吸いながら腕を元の位置に戻す。

上体側面のストレッチ

側面を伸ばし、側腹筋とコアを鍛えることで楽器としての機能をアップ

回数の目安 2~3回

① 足を組み左手で右足の腿を支える。

●耳と手離れないように

② 右腕を耳にピッタリつけて伸ばし、左肘が左腿につくまで倒す。

POINT

身体の側面をストレッチしながらコア周辺の筋肉を意識的に使うことで楽器としてよく響く体を作ります。ウェストシェイプ効果もあります。

3 息を吐きながら、さらに上体を左側に倒し、右上体側面を伸ばす。

4 息を吐き切ったら、息を吸いながらゆっくり元の位置まで戻す。

5 反対も同様に行なう。

首のストレッチ

首、肩を積極的に緩め、響く楽器になる

回数の目安 左右 2 回

Chapter 14

1 足を組み、姿勢をキープしたまま、自然な呼吸で、ゆっくり3周、首を回す。

2 反対も同様に行なう。

POINT

首、肩をリラックスさせ、呼吸を整えます。
首は息の通り道として大事な部位ですが、
最も力が入りやすい部位でもあります。
常に力み具合を観察し、力まないよう気をつけましょう。

足踏み出し運動

美しく立ち、歩くために必要な筋肉を育てる

回数の目安 左右 **10** 回

第2章 コアトレーニング編

chapter 15

歌う、演じる、表現する身体をつくる

① 背筋を伸ばし、姿勢よく立つ。

② 大きな声でカウントを数えながら右足を大きく踏み出す。

いーち

50

POINT　コアトレーニング編

仕上げとして行う「足踏み出し運動」は、
足を持ち上る筋肉をダイレクトに刺激し育成します。
歌う、演じる表現者にとって立ち姿が美しいことは
必須条件ですし、シニア世代においては筋肉の老化による
「足の引きずり→転倒」防止に効果のある運動です。

● 歩幅は無理に大きくせず、グラグラしない程度に

3 膝を曲げ、踏み出した足で踏ん張る。

4 息を吸いながら踏み出した足を蹴って元の位置に戻る。

5 反対も同様に行なう。

第3章 発声トレーニング編

コアトレーニングの後はいよいよ発声練習です。
コアと発声を連動させるため、以下の3点を意識してください。
- 立った時に腰が反らないよう、骨盤を床に対して垂直に保つ
- 首、肩に力が入らないように気をつける
- コア周辺の筋肉を上下に引っ張り合うようなイメージ
（Chapter 1参照）で声を出す

コアトレーニングの後、なるべく時間をおかずに行ないましょう。

舌を下げる

舌を下げて息の通り道を広く確保する

Chapter 16

1 口を開け、舌の根本を下げる。

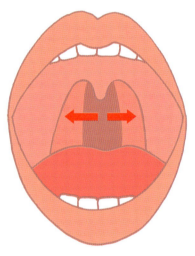

● 口蓋垂が見えるくらいまで下がると良い

舌と軟口蓋がくっついているのは **NG** ➡

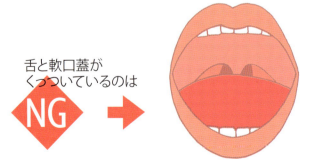

発声トレーニング編

POINT

口を開けた時、舌の根本が下がり、
のどの奥に広い空間があると、息の通りが良くなり発声は
圧倒的に楽になります。声を出す時も低音、高音を問わず、
舌の根元を下げてのどが開くことを意識しましょう。

②　舌を下げた状態であくびのような声を出す。

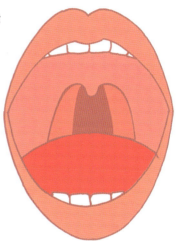

● わかりにくい場合は本当にあくびが出た時
声を出してみると感覚がつかめる

> 舌が上がり、なかなか下がらない場合でも、鏡を見るたびに根気強く舌を下げていると、必ず下ってきます。これにより舌の根本の柔軟性が増せば、発声がスムーズになります。

あくびの発声

のどへの負担を減らし、
地声と裏声の変わり目をスムーズにする

Chapter 17

1 舌を下げ、鼻腔に息を当てる感覚で、
あくびをするように「あー」と声を出す

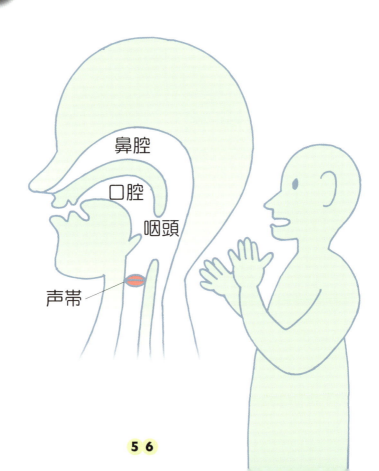

発声トレーニング編

POINT

あくびに近い音での発声練習です。大きい音を出す必要はありません。舌を下げた状態からはじめ、上手くできるようになると、地声と裏声の変わり目がなくなり、スムーズに高音に移行できるようになります。

2 そのまま音階を半音ずつ上げていく
- ロングトーンではなく息を吐き切る感じ
- 音の目安　下G〜上Eくらいまで

あくび

※以降半音ずつ上がる

ハミング

口を閉じて鼻腔に息を当て、
高音の通り道をつくる

Chapter 18

1 舌を下げて口を閉じ、鼻腔に息を当てる感覚で「m〜〜」とハミングで発声する。

- 息を吐く時は基本の動き（Chapter1）の腹筋の使い方を意識

POINT

「船の汽笛の音」をイメージし、鼻腔に強い息を当てて発声します。無理に長く伸ばさず、大きい音も出さなくていいです。繰り返し行なうことで地声と裏声の変わり目なく高音に移行できるようになり、響きのある声に変わっていきます。

2 息を吐き切ったら口を開け、口、鼻両方で息を吸う（ブレス）

3 半音ずつ上がっていく

ハミング

※以降半音ずつ上がる

第3章 発声トレーニング編

発声と筋肉の連動

ちょっとした動きをプラスするだけで、驚くほど声が出しやすくなる

Chapter 19

パターン**A**

1 両足を肩幅に開き、足は中指が真っ直ぐ前向くようして立つ

2 膝をしっかり曲げて息を吸う
● 腰が反らないように調整する

chapter 19

歌う、演じる、表現する身体をつくる

発声トレーニング編

POINT

インナーマッスルを強く意識した発声トレーニングです。
どちらの動きもChapter1「基本の動き」で行なった
"コアの引っ張り合い"をイメージした動きで声を支えます
息を吐き切ったら「緩めて吸う」も同様です。

3 膝を伸ばしながら
「m〜〜Ma〜〜」と
ハミングから口を開けて
「Ma」という音に変化させる
発声をする

4 息を吐き切ったら、
膝を軽く曲げて腹筋を緩め、
息を吸う（ブレス）

⑲

m〜ma〜

※以降半音ずつ上がる

61

第3章 発声と筋肉の連動

Chapter 19

パターンB

1 パターンAと同様、
両足を肩幅に開き、
足は中指が真っ直ぐ前を
向くようして立つ

2 軽く膝を曲げて息を吸う

発声トレーニング編

POINT

インナーマッスルを強く意識した発声トレーニングです。どちらの動きもChapter1「基本の動き」で行なった"コアの引っ張り合い"をイメージした動きで声を支えます 息を吐き切ったら「緩めて吸う」も同様です。

3　「m～～Ma～～」とハミングから口を開けて「Ma」という音に変化させる発声をしながら、さらに深く膝、腰を落としていく

● 上体は床に垂直にし、身体が前に倒れないように気をつける

4　吐き切ったら、息を吸いながら腹筋を緩めて膝を伸ばす

chapter ⓳

m～ma～

※以降半音ずつ上がる

リップロール

口の周りの余分な筋肉を取りのぞき、
中音域を響かせる

Chapter 20

パターン**A**

1 唇を軽く閉じた状態で強く息を吐き、
唇を高速で開閉させ、「ブルブルブル……」と震わす

● 唇を上手く
　振動させられない時は、
　口を大きく縦に開けて
　ゆっくり閉める、
　横に大きく開けて
　ゆっくり閉めるを
　３回ほど繰り返す

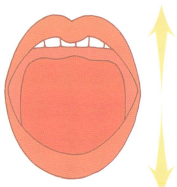

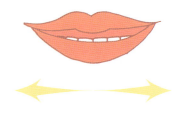

発声トレーニング編

POINT

口の周りに余分な力が入っていると音の伝達をさまたげ、声の響きを半減させてしまいます。リップロールは口の周りの余分な力を簡単に取ってくれるだけでなく顔の中心である鼻腔付近に響きを集め、均一にする効果があります。

2 リップロールに音程をつける

リップロール 単音

※以降半音ずつ上がる

リップロール2度ドレドレド

※以降半音ずつ上がる

タントリル(巻き舌)

舌の根本の余分な力を取ることで、低音域を広げ、響きを向上させる

Chapter 21

1 舌の根本を脱力し、息を強く長く吐きながら巻き舌をする

- 巻き舌ができない場合、ほんの一瞬でも構わないのでTry、drr、と勢いよく息を吐き出して練習してください。少しずつ長い音ができるよう繰り返し練習してみましょう。

発声トレーニング編

POINT

あくびで舌が下がらない人は舌の根本に力が入って高く盛り上がり、口蓋垂の前を塞いでいます。タントリルは舌の根本の余分な力を取り、舌を下がりやすくします。
音階と組み合わせることにより低音を広げることも可能です。

2 巻き舌に音程をつける

タントリル単音

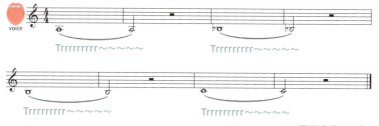

※以降半音ずつ上がる

タントリル2度 ドレミファソファミレド

※以降半音ずつ上がっていく

母音の発声

均等な響きが得られれば、もっと歌いやすくなる

Chapter 22

1 口角を上げて「イ」を発声、つなげて「エ」を発声
- 「イ」で上げた広角を「エ」でも維持する
- 顔の筋肉をおもいきりよく使う

母音の発声　イ→エ

※以降半音ずつ上がる

発声トレーニング編

POINT

母音の中で出しにくい音がある場合、出しやすい音からの誘導で響きを均一にすることができます。すべての音が均一に響くように練習してみましょう。

2. 唇を突き出すような感じで「ウ」を発声、続いて「オ」を発声する

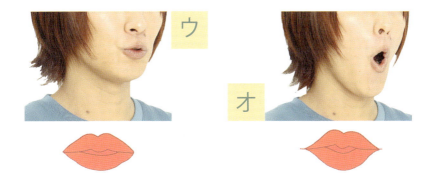

母音の発声　ウ→オ

※以降半音ずつ上がる

母音の発声

Chapter 22

3 「イ」「エ」「ア」「オ」「ウ」の順にすべての母音を連続で発声し、響きを均一化する

発声トレーニング編

母音の発声 イ→エ→ア→オ→ウ

※以降半音ずつ上がる

音階練習

近い音への移動からはじめて、
音程感を掴んでいく

Chapter 23

2度の練習

1 最初の音は「ma」そのまま「a」の音で伸ばして「ソファミレド」の音形で下降する

音階練習2度 ma

※以降半音ずつ上がる

発声トレーニング編

POINT

2度、3度など近い音への移動からはじめて、5度、オクターブの離れた音の移動を練習します。弦楽器は調弦がきちんとできないと難しいので、必ずピアノなど「音が固定されている楽器」を使って練習しましょう。

3度の練習

2 maで伸ばしながら
3度の往復移動で発声する

音階練習 3 度 ドミソミド

※以降半音ずつ上がる

5度の練習　※この項目はDVDには収録されていません

3 Laを一音ずつ発声し直し、
5度の往復移動で発声する

● イ→エ→アまでは口角を維持、ウ→オで口を縦に開ける

音階練習 5 度 ドソド

● このほか、さまざまな音階で発声練習をしてみましょう。　※以降半音ずつ上がる

オクターブサイレン

声と裏声の切り替えで、もう悩まない

POINT

声帯の開閉をスムーズにする発声練習です。
地声から裏声へ変わる周辺の音量差、響きの差を改善し、
音域を広げます。

Chapter 24

1 スタートの音を地声で出し、
キーボードのベンダーを使った時のように、
なるべくオクターブ内すべての音を通って
1オクターブ上に移動する。

● 最初の音は地声、着地の音はなるべく裏声で

オクターブサイレン

※以降半音ずつ上がる

スタッカート

鋭く腹筋を使い、短いブレスでも
息を取り込めるようなる

POINT

ここまでロングブレスばかり取り上げてきましたが、スタッカートを練習しておくと短い休符でも息が吸え、ブレスが楽になります。

Chapter 25

1 腹筋を使って横隔膜を鋭く押す。
このタイミングで「Ha」と発声し、
半音ずつ音階を3度上げていく

- 最後の音もスタッカートになるように気をつける
- 声を発したら、一音一音すぐに腹筋を緩めて息を吸う

スタッカート　ド・ミ・ソ・ミ・ド

※以降半音ずつ上がる

第4章
トレーニングメニューの組み方

　練習に充てることのできる時間は個人差があります。
　体力や時間に合わせて使えるトレーニングメニューの時間別組み合わせ例を紹介します。
　メニューを選ぶ際のポイントとして、コアトレーニングとボイストレーニングを半々の割合で行なうのはもちろん、コアトレーニングをボイストレーニングに活かすためにもChapter19「発声と筋肉の連動」は必ず行なってください。
　どんなトレーニングでも共通していることですが、長期間継続して行なうことが表現力向上の近道です。無理なく続けられるメニューを組むようにしましょう。

時間別組み合わせ例

最短コース

10分

Chapter 5 腹筋＋呼吸・発声

Chapter 25 スタッカート

Chapter 9 片手片足上げ

Chapter 23 音階練習

Chapter 19 発声と筋肉の連動

トレーニングメニューの組み方

レギュラーコース

Chapter 1 基本の伸縮運動

Chapter 3 両足上げ（仰向け）

20分

Chapter 5 腹筋＋呼吸・発声

Chapter 25 スタッカート

Chapter 24 オクターブサイレン

Chapter 23 音階練習

Chapter 19 発声と筋肉の連動

Chapter 9 片手片足上げ

Chapter 7 肩甲骨周辺のストレッチ

じっくりコース

50分

Chapter 1〜25 全行程

悩み別練習方法

Chapter 26
発声練習の時に気をつけることはありますか？

水分をこまめに補給しましょう。発声練習では、強い息が何度ものどを通過するため、のどが乾燥しやすくなります。また、地声で高い音を力任せに出すのはのどを痛める原因にもなるのでやめましょう。
Chapter17「ハミング」で鼻腔に響く声を習得してください。

Chapter 27
地声と裏声に差があります。変わり目でカクンとなるのを解消したいです。

地声の発声の際、声帯はぴったり閉じていて、裏声の時は開いています。声帯の開閉をスムーズにすることと、発声の際、息が最初に当たる場所をのどから鼻腔周辺に引き上げることで、必ずスムーズになってきます。
Chapter18「ハミング」、20「リップロール」、24「オクターブサイレン」を重点的に行なってください。

Chapter 28
声量をアップさせるにはどうすればよいでしょうか？

やみくもに大きな声を出すと、のどを痛める可能性があります。
Chapter18「ハミング」でアタックポイントを引き上げてから、19「発声と筋肉の連動」で徐々に息を強く吐き、大きな声でロングトーンができるように練習してみましょう。

Chapter 29
ピッチ（音程）を良くしたいです。

ピアノなど音程固定の楽器と一緒に単音からぴったり合わせる練習をしましょう。
Chapter23「音階練習」を重点的に行ない、合せる音も2度→3度と徐々に距離を離していくと良いです。曲を練習する際はHDレコーディングなどを使い「オケ」「ガイドメロディ」「歌」を別々のトラックにして、歌を録音して聞き、ずれていたらその箇所だけをリテイク（録音し直す）する作業をくり返してみましょう。

レッスン記録
ノート
NOTO

レッスンを楽しく続けるために、2クール8週間（1日おきの実施）分の記録ノートを用意しました。
これを活用をして、まずは3ヶ月続けてみてください。
声の目標や身体的な目標を立てると張り合いがあると思います。
食事は暴飲、暴食、過剰な制限はせず、タンパク質多めのバランス良い食事を腹八部目で採りましょう。
Ｍｅｍｏ欄は声のこと、体のことなど、なんでも良いので気づいたことを書いておきましょう。
シールを貼るなど、自分らしくカスタマイズして楽しみながら記入するのもおすすめです。

記入例

  レッスン記録ノート 　　　Note 一週間

目標 ▶
- ○ 音域を広げる(上Hまで出せるようになる)
- ○ ピッチの改善！
- ○ 体重を3キロ減らす
- ○ ウエスト －3cm

9月1日(水)	9月3日(金)	9月8日(月)	9月10日(水)
●今日のトレーニング じっくりコース	●今日のトレーニング レギュラーコース	●今日のトレーニング 最短コース＋ Chapter 23	●今日のトレーニング じっくりコース
●練習している曲 Amazing Grace	●練習している曲 Amazing Grace	●練習している曲 Amazing Grace	●練習している曲 Amazing Grace
●今日の食事 朝 トースト サラダ コーンスープ ゆで卵 昼 甲鳥なんばんそば 夜 蒸し野菜(豚肉 キャベツ、人参、えのき) ごはん、味噌汁	●今日の食事 朝 こはん 焼魚(アジ)、小松菜おひたし 卵焼 昼 スパゲッティ(カルボナーラ) 夜 豚ステーキ、ごはん チャプチエ、味噌汁、五目豆	●今日の食事 朝 グリーンスムージー (ヨーグルト小松菜・ヨーグルト)フルーツグラノラ 昼 しゃけ定食(焼魚 味噌ごぼうス煮、ごはん 夜 しゃぶしゃぶ(豚、白菜、しめじ、人参、とうふ)	●今日の食事 朝 フレンチトースト ゆで卵・トマトスープ サラダ 昼 カレーライス 夜 真鯛のソテー (鯛・アスパラ・キャベツ) コンソメスープ、パン
●今日の体重 49kg	●今日の体重 48.5kg	●今日の体重 48.3kg	●今日の体重 47.9kg
MEMO	MEMO 筋肉痛になった	MEMO	MEMO 少し声が出やすくなってきた！ 体重が1kg減った

レッスン記録ノート

Note 一週間

目標 ▶

月　日（　）	月　日（　）	月　日（　）	月　日（　）
●今日のトレーニング	●今日のトレーニング	●今日のトレーニング	●今日のトレーニング
●練習している曲	●練習している曲	●練習している曲	●練習している曲
●今日の食事 朝 昼 夜	●今日の食事 朝 昼 夜	●今日の食事 朝 昼 夜	●今日の食事 朝 昼 夜
●今日の体重　　kg	●今日の体重　　kg	●今日の体重　　kg	●今日の体重　　kg
MEMO	MEMO	MEMO	MEMO

レッスン記録ノート

Note 一週間

目標 ▶

月　日（　）	月　日（　）	月　日（　）	月　日（　）
●今日のトレーニング	●今日のトレーニング	●今日のトレーニング	●今日のトレーニング
●練習している曲	●練習している曲	●練習している曲	●練習している曲
●今日の食事 朝 昼 夜	●今日の食事 朝 昼 夜	●今日の食事 朝 昼 夜	●今日の食事 朝 昼 夜
●今日の体重　　kg	●今日の体重　　kg	●今日の体重　　kg	●今日の体重　　kg
MEMO	MEMO	MEMO	MEMO

レッスン記録ノート　　　　　　　　　　　Note 一週間

 ▶

月　日（　）	月　日（　）	月　日（　）	月　日（　）
●今日のトレーニング	●今日のトレーニング	●今日のトレーニング	●今日のトレーニング
●練習している曲	●練習している曲	●練習している曲	●練習している曲
●今日の食事	●今日の食事	●今日の食事	●今日の食事
朝	朝	朝	朝
昼	昼	昼	昼
夜	夜	夜	夜
●今日の体重　　kg	●今日の体重　　kg	●今日の体重　　kg	●今日の体重　　kg
MEMO	MEMO	MEMO	MEMO

レッスン記録ノート

Note 一週間

 ▶

月　日（　）	月　日（　）	月　日（　）	月　日（　）
●今日のトレーニング	●今日のトレーニング	●今日のトレーニング	●今日のトレーニング
●練習している曲	●練習している曲	●練習している曲	●練習している曲
●今日の食事 朝 昼 夜	●今日の食事 朝 昼 夜	●今日の食事 朝 昼 夜	●今日の食事 朝 昼 夜
●今日の体重　　kg	●今日の体重　　kg	●今日の体重　　kg	●今日の体重　　kg
MEMO	MEMO	MEMO	MEMO

レッスン記録ノート　　　　　　　　　　　　Note 一週間

 ▶

月　日（　）	月　日（　）	月　日（　）	月　日（　）
●今日のトレーニング	●今日のトレーニング	●今日のトレーニング	●今日のトレーニング
●練習している曲	●練習している曲	●練習している曲	●練習している曲
●今日の食事 朝 昼 夜	●今日の食事 朝 昼 夜	●今日の食事 朝 昼 夜	●今日の食事 朝 昼 夜
●今日の体重　　kg	●今日の体重　　kg	●今日の体重　　kg	●今日の体重　　kg
MEMO	MEMO	MEMO	MEMO

レッスン記録ノート　　　　　　　　　　　　　　　　Note 一週間

 ▶

　　月　　日（　）
●今日のトレーニング

●練習している曲

●今日の食事
朝

昼

夜

●今日の体重　　　kg
MEMO

　　月　　日（　）
●今日のトレーニング

●練習している曲

●今日の食事
朝

昼

夜

●今日の体重　　　kg
MEMO

　　月　　日（　）
●今日のトレーニング

●練習している曲

●今日の食事
朝

昼

夜

●今日の体重　　　kg
MEMO

　　月　　日（　）
●今日のトレーニング

●練習している曲

●今日の食事
朝

昼

夜

●今日の体重　　　kg
MEMO

レッスン記録ノート　　　　　　　　　　　　Note 一週間

 ▶

月　日（　）	月　日（　）	月　日（　）	月　日（　）
●今日のトレーニング	●今日のトレーニング	●今日のトレーニング	●今日のトレーニング
●練習している曲	●練習している曲	●練習している曲	●練習している曲
●今日の食事 朝 昼 夜	●今日の食事 朝 昼 夜	●今日の食事 朝 昼 夜	●今日の食事 朝 昼 夜
●今日の体重　　kg	●今日の体重　　kg	●今日の体重　　kg	●今日の体重　　kg
MEMO	MEMO	MEMO	MEMO

レッスン記録ノート

Note 一週間

 ▶

月　　日（　）	月　　日（　）	月　　日（　）	月　　日（　）
●今日のトレーニング	●今日のトレーニング	●今日のトレーニング	●今日のトレーニング
●練習している曲	●練習している曲	●練習している曲	●練習している曲
●今日の食事 朝 昼 夜	●今日の食事 朝 昼 夜	●今日の食事 朝 昼 夜	●今日の食事 朝 昼 夜
●今日の体重　　kg	●今日の体重　　kg	●今日の体重　　kg	●今日の体重　　kg
MEMO	MEMO	MEMO	MEMO

おわりに

　ここまで、とても簡単で効果バツグンのコアトレーニングと発声練習の基礎をご紹介しました。コアトレーニングは自分の体力に合わせて、発声練習は無理をせずに行なってください。一度に集中的に行なうのではなく、日々の積み重ねが大切です。
　ボイストレーニングの音階バリエーションは、もっとさまざまに展開できるので、基本をおさえ上手くできるようになったら、難しい音階練習に挑戦していきましょう。もちろん、これらのトレーニングに加え、歌の練習も平行して行なってください。
　楽しくがんばりましょう！

ＥＩＭＩ

北川里奈(きたがわ・りな)

1993年7月6日生まれ。神奈川県出身。血液型はA型。両親ともに音楽家という環境で育ち、子供の頃からの夢であった声優としてデビュー。その素直な演技と声には定評がある。今後は歌や舞台へも意欲的に挑戦していく。代表作は「ハピネスチャージプリキュア!」キュアハニー役。趣味は料理、特技はフルートとバイオリン。
三木プロダクション所属。

岡本堂玄(おかも・たかはる)

1987年10月11日生まれ。愛知県出身。身長181cm、体重69kg。Hype Voice プロクラス卒業。自身が主宰するインプロユニット「オリ色」にて舞台公演のほか、ボイスドラマやアプリのCVなど幅広く活躍。生のクラシック音楽との朗読劇「セロ弾きのゴーシュ」では日本各地を回っている。
Love & Light 所属。

レッスン場のご案内

「1年でプロデビューする」を目標としたボーカリスト・声優・ナレーター・キャスター」など声のプロを目指すすべての方のための"実践的トレーニングスタジオ"スクール。2014年度より渡邊瑛美監修のもと、歌える声優の強化クラス・声優アーティストデビュークラスを開校し、アニソン×声優業界における即戦力的人材の育成にも力を入れている。

東京都渋谷区渋谷1-14-11 小林ビル7F
TEL03-3400-4949／FAX 03-3400-4545
http://www.hypervoice.com/

松濤アクターズギムナジウム

「俳優・声優を目指している人のために、親からの経済的支援がなくても通える、本格的な養成機関があるべきだ」という主旨のもと'95年4月に開校。2つの稽古場と、ライブスペース「OMEGA TOKYO」を持つ。1期生・サエキトモ、2期生・木村亜希子、5期生・川原慶久、6期生・楠田敏之、小田久史、8期生・大原めぐみなど多数のプロを輩出している。

東京都杉並区上荻2-4-12
TEL：03-5310-3535／FAX：03-5310-3838
http://actorschool.jp/

DAM倶楽部はカラオケの第一興商が運営している大人のための新しい歌と健康と集いの場です。いつまでも健やかに毎日を楽しめるように「歌」や「エクササイズ」のエンターテイメント＆レクリエーションプログラムで心も体も健康になりましょう！

東京都中野区新井 2-11-9
TEL：03-5942-8030 ／FAX：03-5942-8037
http://damclub.jp/

**歌う、演じる、表現する身体をつくる
はじめてのコア×ボイストレーニング**

2015年3月20日　初版1刷発行
発行者：柳谷行宏
発行所：雷鳥社
〒151-0062
東京都杉並区上荻2-4-12
TEL：03-5303-9766
FAX：03-5303-9567
http://www.raichosha.co.jp/
info@raichosha.co.jp
郵便振替　00110-9-97086

出演：北川里奈／岡本堂玄
撮影：神保弘明／柳谷杞一郎（P13、P15）
ヘアメイク：菅家いづみ
DVD編集：寺川昌子
イラスト：秋津涼星
本文デザイン：木村久夫
装丁：上田宏志（ゼブラ）
編集：柳谷杞一郎／中村徹
印刷・製本：株式会社　厚徳社

定価はカバーに表示してあります。
本書の写真・イラストおよび記事の無断転写・複写をお断りいたします。
万一、乱丁・落丁がありました場合はお取替えいたします。

©raichosha 2015
ISBN978-4-8441-3672-9　C0074